ALTE SCHÖNE MÄRCHEN

Sándor Petőfi: Für Laci Arany

Illustration: Zsuzsa Füzesi
Übersetzung von Géza Engl

Franz Móra: Der zitternde König

Illustration: Zsuzsa Füzesi
Übersetzung von Géza Engl

Zoltán Zelk: Wenn einer den Kohl der Ziege anvertraut

Illustration: Zsuzsa Füzesi
Übersetzung von Géza Engl

Éva Fésüs: Die „ehrlichen“ Finder

Illustration: Zsuzsa Füzesi
Übersetzung von Géza Engl

Der Tiger und der Hase
Aus der Sammlung Elek Benedek

Illustration: Zsuzsa Füzesi
Übersetzung von Géza Engl

Éva Fésüs: Der Kummer der Schildkröte

Illustration: János Hangya
Übersetzung von Géza Engl

István Simon: Mirza

Illustration: Zsuzsa Füzesi
Übertragen von Géza Engl

SÁNDOR PETŐFI

Für Laci Arany

Übersetzung von Géza Engl

Laci, Kind,
komm geschwind,
damit wir beisammen sind.
Komm doch schneller,
Donnerwetter!

Setz dich mir aufs Knie,
zappeln darfst du nie,
sonst muß ich dich rupfen,
dir die Haare zupfen,
tut das weh?
Schreist du? Nee!

Mach den Mund jetzt zu,
keinen Ton sprichst du.
Schließe auf das Ohr,
dieses kleine Tor,
wirst sehen was für Wunder
gleich dir kriecht darunter.
Ists vielleicht ein Schmetterling,
oder ein ganz andres Ding?
Paß auf, Laci, kleiner Tropf,
kriegst ein Märchen in den Kopf!

War einmal ein Bauer
mit Schnauzbart und Hauer,
ging zum Brunnen, daß er
sich dort schöpfe Wasser.

Wozu wohl, das möchtst wissen,
wollte er die Blumen gießen?
Oder hatte er selber Durst?
Nein! das alles war ihm Wurst!

Er ging fort jetzt von Zuhaus,
stracks lief er aufs Feld hinaus.
Warum wollte er hingehen?
Nur um sich dort umzusehen?
Wollt er schaun Luftspiegelungen?
Das war ihm schon oft gelungen.

Oder sehn vom Dorf den Turm?
Diesen altbekannten Wurm?
Oder zuschaun dem Nachbarn,
beim Hanf in die Darre fahren?
All das hatte er nicht vor.

Ei, zum Kuckuck dieser Tor,
schleppt hinaus den schweren Eimer,
ohne Grund tut sowas keiner.
Sei beruhigt, ich sags dir doch:
Er sucht dort des Ziesels Loch.

Ja, die Öffnung ist ja hier,
und schon kommt das kleine Tier,
hat sein Loch gefunden,
ist darin verschwunden.

Gießt der Mann es voll,
wird das Tierchen toll.

Eine Weile hält es still,
aber dann es flüchten will.

Denn, das ist ja kein Spaß,
Hemd und Höschen pitschnaß.
Am Rand fängt der Mann die Maus,
Fängt sie, bringt sie mit nach Haus.

Und aha!
Da bist du ja!
Ich halte warm
dich im Arm.
Ahnst du schon,
lieber Sohn,
warum ich es tu?
Weil der Ziesel,
weil das Wiesel
das bist selber du!

Franz Móra

Der zitternde König

Illustration Zsuzsa Füzesi

Deutsch von Géza Engl

Im Land Gibtesnicht hate König Namenlos einen großen Kummer. Er vergoß Tränen und konnte nicht schlafen, weder am Tage, noch bei Nacht. Er hate Schüttelfrost, ihm froren Hände und Füße, und große Tränen tropften in seinen weißen Bart. — „Was immer ich tue, mir ist kalt und ich zittere. Wenn mir jemmand hülfe, dem würde ich mein halbes Reich schenken.“

– Hundert Läufer rannten in hunderteine Richtungen mit der Nachricht. Wer weiß ein Mittel gegen die Not des Königs, wo gibt es einen klugen Mann, der einen guten Rat zu geben weiß?

– Es meldeten sich tausend weise Männer mit Ratschlägen, aber kein einziger konnte den zitternden König erwärmen. Er war nahe daran zu erfrieren, und war schon, der Arme, zusammengekrümmt vor Kälte. – „Vergeuden wir die Zeit nicht mit weisen Leuten, sage ich!" – so der König – „Fragt meinen Hofnarren um Rat!"

— Na, der eine Hofnarr war tatsächlich klüger, als die hundert weisen Männer. Nicht umsonst hatte er seine Mütze mit den Schellen voller Verstand. — „Hör mal zu, du Hofnarr!“ — fragte ihn der Hofarzt — „Was machst du, wenn dir kalt ist?“ — „Na, dann zittere ich eben, lieber Freund.“ — sagte der Narr, und zuckte mit den Achseln. — „Ein Narr zittert eben.“ — notierte der Hofarzt in sein allwissendes Buch — „Was aber muß der König tun, wenn ihm kalt ist?“ — „Man muß für ihn einheizen, solange bis ihm warm wird.“

– „Der König braucht Heizung." – schrieb der Hofarzt in sein Buch, und gab sofort dem Hofheizer Befehl: – „Füll schnell den Ofen mit Zedernholz! Dann wird es warm werden."

– Der Ofen war so groß, daß er als Kaserne hätte dienen können, und darin loderte ein Feue, daß man dabei eine Ochsenherde hätte braten können. Und es taugte doch nichts für den zitternden König, er fror weiter. – „Heizen, heizen, noch mehr heizen! Sonst frißt mich die Kälte auf! Guck mal, wie mein Bart zittert!“ – „Mein Herr König! In deiner Hand ist mein Leben und Tod“ – erklärte der Hofheizer – „Ich habe das ganze Zedernholz verheizt, nicht ein Stück davon blieb übrig.“

– Darauf bestimmte der König: „Schneidet die ganze Zier meines Gartens heraus. Den goldenen Zweig der Weintrauben, die lächelnden Äpfel, die klingelnden Pfirsiche, all das kommt ins Feuer, bis zum letzten Stückchen!“ – Kipp-kopp, klopfte die Axt, ripp-ropp, knirschten die Büsche und Bäume im Feengarten, kling-klang, krachten die Zweige im Ofer, aber der König schlug immer noch wehklagend die frostigen Hände zusammen.

„Heizt, Menschen, heizt! Sonst erfriere ich! Mir klappern ja schon die Zähne, hört ihr nicht?" – „Gott erbarme sich meines armen Hauptes! Der Garten ist ja schon so kahl, wie meine bloße Hand!" – sagte der Heizer und wischte sich den Schweiß von der Stirne. – „Solang es einen Wald in meinem Land gibt, laßt meinen Ofen nicht auskühlen!" – schimpfte der König und zog seinen Hermelinpelz fester zusammen.

– Daraufhin setzten sich die Wälder in Bewegung, und nahmen Richtung auf das Schloß des zitternden Königs. Viele Bewohner ließen ihre Nester im Stich, und tausend Vögel vergossen Tränen darum. Von den vielen Bäumen blieb kein einziger stehen, der goldene Kamin vernichtete sie alle.

– All das nützte dem zitternden König nichts. Er wickelte sich in einen Wolfspelz ein, aber auch das tat er vergeblich. – „Heizt, heizt, sonst frißt mich die Kälte! Sogar meine Lippen sind schon blau!“ – Der Hofheizer dachte, er müßte selbst in Feuer aufgehen, aber vor dem König hüstelte er nur erschrocken. – „Jetzt ist schon alles egal, wir haben kein Heizmaterial.“ – „Jedes Haus hat ein Dach aus Holz oder Stroh. Ob so, oder so, herbei damit!“ – sagte der König.

Einen Augenblick später fielen schon viele tausend Hände über die Dächer in des Königs Stadt her, zerstörten die guten Dächer mit Äxten, Sägen. Das machte solchen Staub. daß der Ruß bis in den Himmel aufstieg. Da gab es ein Heulen und Zähneklappern, sodaß der zähneklappernde König nicht hörte, als kleine Füße auf dem Marmorfußboden seines Palastes entlangpolterten. Aufmerksam wurde er erst, als ihm ein singendes Tönchen in die Ohren klingelte:

„Ach du Onkel König, was bist du für ein böser Mann!" Ein ganz kleines Mädchen war es, das da sprach. Sie hatte Augen, wie Leinblüten, Zähne wie Reiskörner. Die Augen standen ihr zum Weinen, der Mund stand zum Lachen, und es drehte sich neugierig zum König hin. – „Sei still, Mädchen, sei still! Schlecht sein will ich nicht!" – „Aber du bist schlecht, weil du das Dach von unserem Haus herunterreißt!" – weinte das kleine Mädchen, aber es lachte aucht schon im gleichen Augenblick und rief: „Ach, wie gut warm ist es bei euch!"

Im selben Augenblick, daß das kleine Mädchen sich zu dem Ofen hinhockte, hatte der König Verlangen, seinen Wolfspelz abzulegen. Das Mädchen schlug die Hände zusammen: „Ei Onkel König, was hast du für eine schöne Jacke an! Welcher Kürschner hatt sie dir gemacht?“

— Daraufhin legte der König auch den Hermelinpelz ab. Er bibberte nicht mehr, sondern lächelte, als er die Fenster von seinem Schloß öffnete, und hinausrief zu seinen Leuten: „Hier ist eine Hitze, die ich allein nicht aushalten kann, ich gebe jedem davon, dem es kalt ist!“

Im nächsten Augenblick war das königliche Schloß gesteckt voll von armen Leuten, daß die Erde sie kaum tragen konnte. Der König selbst wurde verdrängt, er mußte sich in die Küche zurückziehen, und gab den Küchenjungen Befehle: – „Deckt den Tisch! Bratet Ochsen! Bringt Weinfässer her! Einen so lieben Gast, wie mein Volk, habe ich bei mir noch nie gesehen!“

Zoltán Zelk

Wenn einer den Kohl der Ziege anvertraut

Deutsch von Géza Engl

Es war einmal ein waldreiches Land, wo viele Füchse hausten, der Gänsehirt hütete die Gänse, und bis zur Dämmerung war seine Schürze voll mit Blumen. – Nun, grade in diesem schönen Land gab es ein Dörflein. An dessen Rande auf einem Hügel stand eine Hütte. Darin lebte ein ganz armer Bursche, der oft an Hunger litt.

Er kochte Wasser in einem Topf und sprach zum Rauch: „Steige Räuchlein hoch in die Luft, frage die Wolken, womit sie mich heute ernähren wollen? – Oder frage die Gräser, denen sagen es die Käfer, Käfer fragen die Vögel, und denen sagt es der Weidenbaum. Ich hab nur noch eine Wurst, wenn ich die aufgegessen habe, muß ich hier Hungers sterben!“

So sprach der Bursche, und stieß dabei drei Pfiffe aus. Daraufhin kam sein Hündchen herbeigesprungen, und es fragte gleich seinen Herrn: „Sag mir, warum du dreimal gepfiffen hast?" – „Dreimal darum, weil mir dreierlei eingefallen ist. Erstens: wer Hunger hat, der esse sich satt. Zweitens: ich geh in die Stadt und kauf einen Kohl. Drittens: vertraue ich dir dieses Stückchen Wurst an, paß darauf auf, bis ich mit dem Kohlkopf wiederkomme. Dann koche ich ein Mahl von diesen Dingen, daran essen wir uns für eine Woche satt!"

Der arme Bursche brach auf und ging, links flog ein weißer Schmetterling, rechts war's ein bunter. Über ihm trillerte eine Amsel und ließ ihr Gefieder schillern.

Während dessen hütete der Hund die Wurst und leckte sich gierig die Lefzen. Als er es nicht mehr länger aushielt, lief er und bat die hinten weidende Ziege um Rat: „Was glaubst du, Weißbart, wär's ein Unglück, wenn ich ein Stück von der Wurst abbeisse?" – Diese sagte nur kurz: „Meckmeck!" – Dem Hündchen klang das im Ohr wie: „Wegweg!" – Daraufhin fraß das Hündchen die ganze Wurst weg.

Kaum war der letzte Bissen verschlungen, kam schon der Junge. Dem war es gelungen zwei Kohlköpfe nach Hause zu bringen. – „Ei, du Verdammter, was hast du verbrochen? Wie soll ich ohne Wurst ein Essen kochen? Verschwinde von hier, herein in dein Haus! Und komm mir drei Wochen lang nicht vor die Augen!" – Dann fiel ihm was anderes ein.

Er rief seine Ziege zu sich und sagte: „Du, höre mich an! Ich muß jetzt ins Nachbardorf laufen, um einen Topf saure Sahne zu holen. Hier ist der Kohl, den vertrau ich dir an, weil ich dem Hund nicht mehr trauen kann. Hüte den Kohl, ich komme bald zurück."

So brach der Bursche auf und ging schnell, der Tag war lustig, die Sonne schien hell, eine silberne Fliege flog ihm links zur Seite, eine goldene gab ihm rechts das Geleite. Über ihm schwebte eine Nachtigall, die herrlich sang.

Die Ziege – ohne zu fragen – ließ sich den Kohl schmecken. Als dann der Bursche – heimgekehrt – den Korb leer fand, wurde er zornig: „Was hast du, du Elende, hier angestellt? So eine Frechheit sah die Welt noch nie! Laß dich nicht blicken drei Wochen lang, sonst wird es dir um deinen schönen Bart bang!“

So schimpfte der Jüngling mit lauter Stimme. Er sah sich im Hof um, und fand auf ihrem Platze seine liebe grauweiße Katze. — „Ach, liebes Kätzchen! Bös ist mein Hund, und bös ist meine Ziege! Hier habe ich einen Topf Sahne, den übergeb ich dir, gib auf ihn acht. Ich muß noch zum Nachbarn gehen, der gibt mir einen frischen Wecken.“

Gleich darauf ging er, auch jetzt nicht allein, die Gold- und Silberfliegen begleiteten ihn wieder, und die unausbleibliche Nachtigall sang über seinem Kopf.

Das treue Kätzchen roch an der Sahne und sah ins Blaue. „Miau! Miau! – Was ist im Töpfchen?“ – fragte sie. – „Sahne! Sahne! – klang es von Hund und Ziege. – „Die aber esse ich!“ – und das Kätzchen begann die Sahne zu schlecken. Bis der Bursche heim kam mit den Wecken, war die Sahne weg.

Jetzt schrie und schimpfte der Junge nicht mehr. Er setzte sich traurig zum Kessel und rief: „Steige Räuchlein hoch in die Luft, frage die Wolken, womit sie mich heute ernähren wollen? – Oder frage die Gräser, denen sagen es die Käfer, Käfer fragen die Vögel, und denen sagt es der Weidenbaum.“

Schließlich sprach der Weidenbaum: „Krähe, hör zu, gib du die Nachricht weiter an die Käfer und Gräser: nur Roggenbrot hat der Junge im Haus, satt oder hungrig, das Märchen ist aus!...

Éva Fésüs

Die „ehrlichen" Finder

Deutsch von Géza Engl

Väterchen Winter hat zwei gutgelaunte, naseweise Diener: Wirr, und Warr, denen er nicht nur die Sorge um seinen Haushalt auf dem Nordpol anvertraut hatte, sie mußten auch seinen schönen roten Weltreisemantel pflegen. Die Diener freuten sich zu Beginn über den Auftrag und fühlten sich geehrt; nun waren aber Wirr und Warr – wenn sie zusammen waren – oft verwirrt, und bald hatten sie das teure Kleidungsstück vollkommen vergessen.

Als sie es wieder hervolholten, erschraken sie sehr, so daß ihnen der Kragen platzte, denn der Mantel hatte auf der Vorderseite Mottenlöcher. Herrgott, was wird, wenn Väterchen Winter die Löcher entdeckt? . . . Sie beschuldigten sich gegenseitig, bald lagen sie sich in den Haaren. Da erblickten sie aber im Fenster des Hauses gegenüber Tante Flicki, die gerade über einer Flickarbeit saß. Sie würde die beiden aus der Patsche ziehen. . . Gut gedacht, aber woher sollten sie Geld für das Kunststopfen beschaffen? Bei Tante Flicki kostete das Flicken eines Loches 50 Groschen, und der Mantel hatte drei Löcher!

„Das Geld müssen wir, wenn es anders nicht geht, unter den Eisbergen herausgraben", sagte Wirr, „sonst können wir uns als Pinguinenhirten auf dem Südpol verdingen".

Sie sahen ihre traurige Zukunft schon vor sich, als plötzlich – unerwartet – Väterchen Winter nach Hause kam. Gestern war er noch arg bekümmert, er hatte nämlich sein allwissendes Notizbuch verloren, in dem die Namen der bravsten Kinder der Welt eingetragen waren. Aber vom gestringen Kummer war nichts mehr übrig. Väterchen pfiff lustig vor sich her.

„Da schaut her, ihr Halunken!“ sagte Väterchen. „Nicht umsonst habe ich in der FROSTPOSAUNE eine Anzeige aufgegeben und dem ehrlichen Finder einen Lohn von hunder Eskimo-Gulden versprochen. Hier ist das Notizbuch! Das Mädchen, das in der Milchhalle saubermacht, hat es gefunden.“

„Diese kleine bleiche Liese bekommt soviel Geld?“ riefen Wirr und Warr höchst erstaunt.

„Sie hat es verdient! Nicht nur darum, weil sie ehrlich war, sondern auch darum, weil sie ordentlich sauber macht, nicht so, wie manche andere...“

Väterchen hatte noch nicht ausgeredet, da liefen die beiden Kerle, um schnell die Küche aufzuwaschen. Dort steckten sie über dem Aufwascheimer die Köpfe zusammen. Sie dachten nicht daran, sich vertreiben zu lassen! Ehrliche Finder wollten sie werden, die alles finden, was Väterchen verlieren und fallweise eine Belohnung versprechen würde.

Von diesem Tag an verlor Väterchen täglich irgend etwas. Zuerst war es die Schlafmütze, aber er gab keine Zeitungsannonce auf, sondern ließ Wirr Lindenblütentee kochen und Warr in die Apotheke laufen, um Malzbonbons zu holen.
Wirr und Warr leißen die Nasen hängen. Eine Sonderbeohnung gab es nicht, sie hatten nur eben mehr Arbeit.

Tags darauf wollte Väterchen Winter die Pfeife anzünden, gerade die, die er am liebsten hatte, fand sie aber nicht. Als nächstes ging sein Taschenmesser mit dem Perlmuttergriff verloren, dann der Schlüssel zur Schokoladenkammer, die Taschenuhr und die gestickte Schnurrbartbinde. All das suchte Väterchen verzweifelt, nur eben nicht dort, wohin die hundsfottigen Diener die Sachen versteckt hatten: in der Taschen seines Weltreisemantels.

Trotzdem fiel es dem braven Alter nicht ein, eine Anzeige in der Zeitung aufzugeben.

Da ging Wirr noch einen Schritt weiter und versteckte die Brille des Alten. Und was war die Folge davon? Die Jungens mußten die ganze Zeitung dem Alten vorlesen und konnten nicht schlittschuhlaufen gehen.

„Auch die kleinen Anzeigen?" fragte Warr mit heiserer Stimme.

„Selbstvertändlich!" erklärte Väterchen und nickte dazu. „Vielleicht bietet sich ein Hausdiener an, der auch die Gedanken seines Herrn errät."

Nach dem Mittagessen, beim Zähneputzen, glaubte Wirr, er hätte schon den Wunsch des Herrn erraten! Väterchen hielt ja Diener zu dem Zweck, damit diese aus eigenem Antrieb alles erledigen. Auch die Anzeigen in der Zeitung.

„Aber er hat uns kein Geld dazu gegeben", sagte Warr voller Zweifel. „Wir legen unser Taschengeld zusammen. Für eine Anzeige wird das genug sein, und dann bekommen wir reichlichen Ersatz dafür. Na, laß uns gehen, solange der Alte schläft."

Bumm!... Väterchen Winter erwachte vom Krach der zugeschlagenen Tür. „Die verflixten Kerle! Ich kann nicht schreiben und kann nicht lesen, weil ich keine Brille habe, und jetzt vertreiben mir die Bengels auch noch den Nachmittagsschlaf... Was könnte ich anstellen? Das, was ich seit vorigen Dezember immer aufschiebe!"

Er stand auf vom Schaukelstuhl...

Wirr und Warr waren inzwischen bereits in der Anzeigenabteilung der Zeitung angelangt. Als sie dann wieder zuhause eintrafen, war schon Kaffeestunde. Mit strahlenden Gesichtern traten sie vor Väterchen hin: „Wir konnten nicht länger mitansehen, daß du weder deine Pfeife noch deine Brille hast! Morgen wird deine Anzeige in der Zeitung stehen: Du gäbest eine entsprechende Belohnung für die ehrlichen Finder." „Oh! Ihr meine Goldkinder..." rief Väterchen Winter, aber im gleichen Augenblick wurde an der Haustür geklingelt.

Tante Flicki stand in der Tür.

„Gucken Sie mal, was ich in der Tasche Ihres Weltreisemantels gefunden habe, den Sie mir am Nachmittag zum Kunststopfen gebracht haben. Sie hatten nämlich voriges Jahr Löcher hineinbrennen lassen mit den Wunderkerzen...“

Hübsch ordentlich legte sie die verschwundenen Gegenstände auf den Tisch.

„Da schaut mal!" rief das erfreute Väterchen. „Dann gebührt der Finderlohn der Frau Flicki! He, ihr beiden, Wirr und Warr, wohin seid ihr verschwunden?..."

Tante Flicki wehrte sich. Schließlich willigte sie ein, nahm die Belohnung vom Weihnachtsmann an, aber unter der Bedingung, daß sie die ganze Gesellschaft in die Konditorei „Eisbär" einladen dürfe.

„Sucht Ihr uns?“ Die knallroten Gesichter der beiden Diener erschienen in der Haustür. „Da sind wir, wieder wohlbehalten! Auf uns beide, Wirr und Warr könnt ihr immer rechnen!...“

Der Tiger und der Hase

(MÄRCHEN AUS DEM OBEREN INDUSGEBIET)

Aus der Sammlung Elek Benedek

Deutsch von Géza Engl

Es lebte einmal in einem Wald ein Tiger, vor dem die anderen Tiere keine Ruhe fanden. Ob er Hunger hatte oder nicht, vernichtete er jedes auffindbare Tier. Die armen Tiere hielten eine Versammlung, um zu beraten, was sie mit dem grausamen Tiger anfangen könnten. Nach langem Streit schlug der Schakal das Folgende vor:

Beschließen wir jeden Tag das Los zu ziehen. Den das Los trifft, der soll zum Tiger gehen, und sich von ihm fressen lassen. So wird er jeden Tag ein Tier bekommen, und sich mit diesem einen zufrieden geben. Alle anderen Tiere waren mit dem Rat des Schakals einverstanden. Fraglich war nur, ob der Tiger ihn auch annehmen wird?

Sie gingen Tiger und trugen ihm sehr untertänig vor, was sie sich ausgedacht haben. Sie nahmen es auf sich, daß jeden Mittag genau ein Tier, das das Los dazu bestimmte, beim Tiger zur Stelle sein wird. — „So einfach ist das nicht!" — sagte der Tiger. „Was fange ich mit meinen Zähnen an, wenn ich nicht nach Lust und Laune ein Tier zerreißen kann, wenn es mir beliebt?"

Die Tiere bettelten so lange, bis der Tiger endlich nachgab. Er gab sein Wort, daß sie in Frieden leben könnten, wenn sie nur jeden Mittag ein Tier in seine Höhle bringen. Von diesem Tag an war das ausgeloste Tier immer genau zur Stelle beim Tiger, der es auffraß.

Einmal war dann der Hase an der Reihe, der sich über den Fall Gedanken machte. „Zu leben ist doch schöner, als zu sterben. Ich gehe nicht in die Höhle des Tigers." Umsonst redeten ihm die anderen zu, der Hase machte sich nichts daraus, was diese beschlossen.

Es kam der Mittag, aber der Hase rührte sich nicht. Es vergingen eine Stunde, zwei Stunden, drei Stunden, dann setzte sich der Hase doch in Gang. – „Na, jetzt gehe ich doch!“ – sagte er zu den anderen Tieren.

Er kam gerade zur rechten Zeit. Der Tiger war schon aus seiner Höhle gekommen, und brüllte sehr zornig. Er sprang hin und her, wühlte die Erde auf. Als er den Hasen erblickte, wurde sein Zorn noch ärger. – „Auf diesen kleinen, elenden Hasen ließ man mich den ganzen Tag warten?“

Der Hase duckte sich furchtsam und untertänig, und sagte folgendes: „Verzeih mir, lieber Tiger, ich bin nicht schuldig! Nicht an mir war die Reihe, sondern an meinem Bruder. Schau mich an, wie mager und dünn ich bin! Aber mein Bruder, der ist nicht so elend. Der ist dick und fett."

Er ging los zu Deiner Höhle, aber was passierte, als er unterwegs war? Ein anderer Tiger erwischte ihn, und dem sagte ich umsonst: Halt, er gehört einem anderen Tiger! – der angesprochene antwortete mir höhnisch: „Geh zu deinem Tiger, und sag ihm, wenn er den Mut hat, soll er in meine Höhle kommen, und wir wollen sehen, wer von uns beiden der Stärkere ist!“

„Oh, mächtiger Tiger, ich bin zu Dir gekommen, um Dir die Nachricht zu übergeben. Komm, töte den elenden!“ Jetzt erst geriet der Tiger richtig in Zorn, als er diese Nachricht hörte. – „Vorwärts, führ mich, Hase!“ – schrie er das Tier an.

Der Hase ging los, und der Tiger folgte ihm. So gingen sie, spazierten durch den riesigen Wald, doch je weiter sie kamen, desto mehr erschrak der Hase. Er schreckte zurück, blieb immer wieder stehen, sah sich um, schnüffelte, und tat, als hätte er große Angst im Wald.

„Wovor hast du so große Angst?" — brüllte ihn der Tiger an. — „Wie sollte ich keine Angst haben," — sagte der Hase — „wo die Höhle des anderen Tigers ganz in der Nähe ist!" — „Wo ist diese Höhle? Wo?" — schrie der Tiger mit blutrünstigen Augen. Er sah sich um, sah nach links, in alle Richtungen.

„Hier ist sie! Dort! Dort!" – sagte der Hase, und zitterte. – „Ich sehe hier überhaupt keine Höhle." – „Aber doch, sie ist da!" – meinte der Hase. Darauf sagte zu ihm der Tiger: „Komm näher, und zeig mir die Höhle!" – „Gut, ich zeig sie dir!" – sagte der Hase – „Aber nur, wenn Du mich auf Deinen Rücken nimmst!"

Der Tiger nahm den schlauen Hasen artig auf den Rücken, und trug ihn weiter. So kamen sie plötzlich an den Rand eines fürchterlich tiefen Abgrunds. – „Hier ist die Höhle.“ – sagte der Hase – „Schau nur hinein, dort ist der Räuber, siehst du ihn?“

In der Tiefe war ein See. Als der Tiger hinein blickte, sah er sich selbst im Wasser und sah auch den Hasen neben sich. Da glaubte er, er sehe den anderen Hasen. Mit einem Satz warf er den Hasen von seinem Rücken herunter und sprang im selben Augenblick in die Tiefe. Dort brach er sich in Stücke, und starb eines elenden Todes.

Éva Fésüs:

Der Kummer der Schildkröte

Deutsch von Géza Engl

Illustration: János Hangya

Jeder freute sich über den Sommer in Wald und Feld, nur Dummkopf, die junge Schildkröte spazierte weinend am Seeufer. Die Eidechse fragte sie: „Warum weinst du, Schildkröte?“ – „Oh weh, wie unglücklich ich bin! Hier habe ich diesen Trog auf dem Rücken, aber ablegen kann ich ihn nicht, wenn ich mich ausziehen möchte, um mein Hemd zu waschen.“

– „Schlimme Sache." Sagte die Eidechse, und war sofort bereit, in den Trog hineinzukriechen und der Schildkröte zu helfen, sich zu befreien. – „Hol dir bei den Fröschen Rat." riet die Eidechse, „die sind zahlreich, die können es weiter bringen, als ich allein."

— Dummkopf ging weinend zu den Fröschen am Seeufer, die sofort bereit waren, den Trog aufzuheben, sie sprangen hin und her, sogar ihre Augen traten aus der Höhle, aber der Trog rührte sich nicht vom Rücken Dummkopfes. — „Tut uns leid“ sagten die Frösche „geh, und wende dich an die Störche, die sind stärker, als wir.“ Die Schildkröte trippelte hinaus auf die Wiese, dort, wo sie die Störche mit den langen Beinen herumstehen sah!

– „Seid so freundlich, helft mir! Ich kann von meinem Rücken den Trog nicht ablegen, dabei möchte ich so gern mein Hemdchen sauberwaschen.“

— Die Störche bedauerten die Schildkröte. Sie hatten starke, lange Schnäbel, damit faßten sie den Rand des Troges an, und wollten ihn aufheben. Na ja, freilich, sie hoben zugleich die Schildkröte hoch, und das arme Tier zappelte in der Luft. — „Weißt du was?" sagte der älteste Storch. „Geh in den Wald, und such dir Rat beim Doktor Specht. Der hat einen sehr starken Schnabel, der kann sich festhalten an den Baumstämmen, vielleicht kann er dir auch helfen."

– Dummkopf hörte auf den Rat, aber Doktor Specht klopfte auch vergeblich am harten Trog.“

„Mit Wissenschaft kommt man hier nicht weiter, hier braucht man Schlauheit“, sagte der Specht, als er sah, daß die Schildkröte Tränen vergoß in ihrem Kummer. „Hör mal zu, ich schick dich weiter zum Fuchs, der ist so schlau, wie kein anderes Tier, der wird bestimmt irgendeine Schlauheit zu deiner Hilfe anwenden können.“ – Und Dummkopf ging zum Fuchsloch, sein Glück zu versuchen. Aber der Trog war so fest angewachsen an seinem Rücken, daß auch der schlaue Fuchs nur den Kopf schütteln konnte.

— „Da hilft dir keine Schlauheit. Nur der Bär kann dir helfen, der ist so riesig stark. Geh zu ihm, und bitte ihn, er soll den Trog herunterschlagen von deinem Rücken."

— Die kleine Schildkröte lief hin zur Höhle des Bären, und klopfte an. —
„Niemand zu Hause!" piepste ein bunter Vogel vom Dach der Höhle. " Der Bär ist Himbeeren pflücken gegangen."

– Da brach Dummkopf in bitteres Weinen aus, da alle Tiere herbeigelaufen kamen aus dem Wald, um zu sehen, was da geschehen ist. – „Fürchterlich!“ schluchzte die Schildkröte. „Niemand kann mir den Trog von dem Rücken nehmen, und so werde ich auch am Sonntag mein Hemdchen nicht saubermachen können.“

— Die Rehe mit den großen Augen, die Häschen mit den hängenden Ohren, die Füchse, die Vögel, kamen alle herbei, und warteten verschüchtert, was nun werden sollte, da rief plötzlich vom obersten Zweig des Baumes ein kluges Eichhörnchen: „Oh, du Dummkopf, du hast ja nichtmal ein Hemdchen!“

– Die Tiere hoben alle die Köpfe in die Höhe, selbst die Schildkröte hörte auf zu weinen, und gleich hinterher begannen alle zu lachen, so daß sie sich die Bäuche festhalten, der alte Hase kugelte vom Hügel herunter.

Auch der Bär, der eben nach Hause kam, lachte, und auf das laute Gelächter hin kam auch die Fee aus dem Wald, wo sie sich versteckt hielt, hervor.

Sie nahm die erschrockene Schildkröte in die Hand, und sprach zu ihr: – „Mach dir keine Sorgen, Dummkopf, dieser Trog ist nicht zum Waschen da, gehe und trage deinen Trog geduldig, der wird dich schon vor deinen Feinden schützen.“ – Und Dummkopf, die dumme kleine Schildkröte spazierte schön zurück ans Seeufer, wo sie auch jetzt noch den Trog auf dem Rücken trägt.

Sie schimpft aber deswegen nicht, und will kein Hemd im Trog waschen, weil sie weiß, daß der Trog ihr Beschützer ist bei den vielerlei Schwierigkeiten, denen eine Schildkröte ausgeliefert ist.

István Simon

Mirza

Übertragen von Géza Engl

Mirza nannte sie ihr erster Herr,
uns gefiel der Name allen sehr.
Es hat uns zwar niemals eingeleuchtet,
was der Name eigentlich bedeutet,

so rief Vater unser Fohlen sachte,
als er es vom Markt nach Hause brachte.

Mirza, klang so eigenartig rund,
ausgesprochen von Großmutters Mund.
Anfangs lag darin noch etwas Zweifel,
nachher aber hieß es, „hols der Teufel,

ist das Tierchen seinen Kaufpreis wert,
es auch sicher seinen Namen ehrt.“

Bretterzaun im Stall in einer Ecke
hatte Mirza eigens für Wohnzwecke.

Doch tagsüber war sie niemals dof,
spielte mit den Hühnern auf dem Hof.
Hat die Laune grade sie gepackt,
machte sie auch auf Hirschkäfer Jagd.

Wenn Großmutter Brennholz schleppte schwer,
lief ihr Mirza gerne hinterher.
In der Küche sah sie sie mit Schreck,

klopfte ihr den Hals ab: „Gehst du weg!“
Gab ihr aber dann ’nen Leckerbissen,
denn die Freundschaft wollte sie nicht missen.

Hörte sonntags man zur Messe läuten,
lief auch Mirza mit den andern Leuten.

Wenn Großmutter ging, den Grünkohl holen,
blieb von ihr nicht weg das süße Fohlen.
Gab es frisch gemähtes Heu in Haufen,
kam auch Mirza hin aufs Feld gelaufen.

Immer Friede, immer Frische,
bis zum Tag, als noch bei Tische
Vater sprach: „Der Kerl wird teuer,

viel zu hoch hat man erhöht die Steuer,
an der winterlichen Not gemessen…"
Alle am Tisch hörten auf zu essen.

Und dessen Namen wir niemals begriffen:
Fremde Hände den Liebling ergriffen,
führten ihn hinaus zum morschen Tor.